I0643933

Las grandes fechas patrias estadounidenses

El Día de los Pueblos Originarios

Adrienne Beaucage

LIGHTBOX
openlightbox.com

LIGHTBOX

Entre a **www.openlightbox.com** e ingrese el código único de este libro.

CÓDIGO DE ACCESO

LBXN2567

Lightbox es una completa solucióndigital para enseñar y aprender temas curriculares de una manera original e innovadora. Lightbox se basa en las Normas Curriculares Nacionales.

Copyright ©2025 Lightbox Learning Inc.
Todos los derechos reservados.

OPTIMIZADO PARA

- ✔ TABLETAS
- ✔ PIZARRAS ELECTRÓNICAS
- ✔ COMPUTADORAS
- ✔ ¡Y MUCHO MÁS!

CARACTERÍSTICAS ESTÁNDAR DE LIGHTBOX

AUDIO Narraciones de alta calidad con sistema de texto a voz

VIDEOS Videoclips de alta definición incorporados

ACTIVIDADES PDFs imprimibles que pueden enviarse por correo electrónico y calificarse

ENLACES WEB Enlaces cuidadosamente seleccionados con recursos seguros para niños

PRESENTACIÓN EN DIAPOSITIVAS Ilustraciones gráficas de los conceptos clave

MAPAS INTERACTIVOS Mapas interactivos e imágenes satelitales aéreas

CUESTIONARIOS Diez preguntas de elección multiple con puntaje automático que se envían por correo electrónico al docente para su evaluación

PALABRAS CLAVE Combinación de los conceptos clave con sus definiciones

RECURSOS SUPLEMENTARIOS

COMPARTE Comparte títulos dentro de tu Sistema de Gestión de Aprendizaje (LMS) o Sistema de Circulación de Bibliotecas

CURRÍCULO Encuentre correlaciones curriculares Nacionales y Estatales.

CITAS Crea referencias bibliográficas siguiendo los estilos de APA, CMOS y MLA

VIDEOS

ENLACES WEB

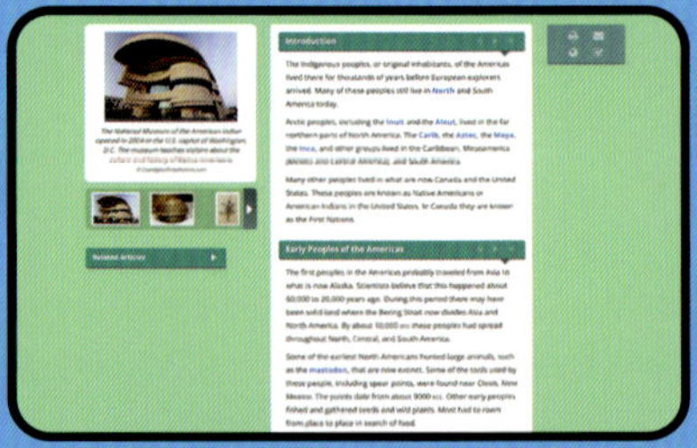

PRESENTACIÓN EN DIAPOSITIVAS

CUESTIONARIOS

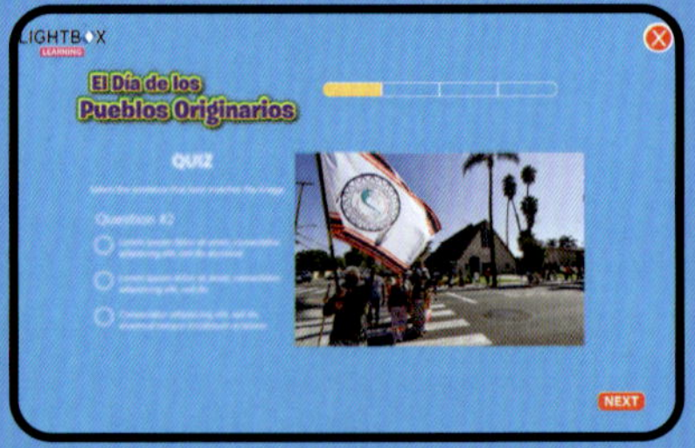

Este título está incluido en nuestra suscripción digital de Lightbox

Suscripción en español de K–5 por 1 año
ISBN 978-1-5105-5935-6

Accede a cientos de títulos de Lightbox con nuestra suscripción digital.
Regístrate para una prueba **GRATUITA** en **www.openlightbox.com/trial**

Se garantiza que los componentes digitales de este libro estarán activos por al menos cinco años desde la fecha de publicación.

El Día de los Pueblos Originarios

Las grandes fechas patrias estadounidenses

CONTENIDOS

4

El Día de los Pueblos Originarios es una festividad en honor a los indígenas norteamericanos. Se celebra el segundo lunes de octubre de cada año.

En los Estados Unidos, hay más de 500 naciones indígenas norteamericanas reconocidas.

El Día de los Pueblos Originarios reconoce que los indígenas norteamericanos fueron las primeras personas que vivieron en los Estados Unidos. Esta festividad rinde homenaje a su historia y su cultura.

Los Pueblos Originarios vivían en lo que hoy es Estados Unidos miles de años antes de que llegaran los europeos.

JEVA

8

La primera vez que se pensó en celebrar el Día de los Pueblos Originarios fue en 1977. La primera ciudad en festejar este día fue Berkeley, California, en 1992.

En 2022, Berkeley celebró el 30.° aniversario del Día de los Pueblos Originarios.

Hoy, el Día de los Pueblos Originarios se celebra en muchos lugares de los Estados Unidos. Cada año, se festeja en más lugares.

En 2021, más de 130 ciudades celebraron el Día de los Pueblos Originarios.

12

El Día de los Pueblos Originarios es importante para los indígenas norteamericanos, pero todos los estadounidenses pueden celebrarlo.

Hay muchas formas de celebrar el Día de los Pueblos Originarios. En algunas ciudades lo festejan con bailes, canciones y comidas típicas de los grupos indígenas.

Algunos bailarines tradicionales de los grupos indígenas usan aros para crear formas naturales, como animales.

GABRIELINO/TONGVA NATION
OF THE GREATER LOS ANGELES BASIN, CALIFORNIA

Algunas personas celebran el Día de los Pueblos Originarios con desfiles. Otras, hacen marchas para apoyar los derechos de los indígenas.

Para muchos, el Día de los Pueblos Originarios es un momento para aprender sobre la cultura de los indígenas norteamericanos. Ese día, los museos pueden organizar eventos educativos.

INDIGENOUS
PEOPLES DAY
2019
INDIGENOUS
PEOPLES DAY
2019
Port Madison
Indian Reservation
INDIGENOUS
PEOPLES' DAY

PHILADELPHIA
PARKS &

A través de las historias, se puede aprender mucho sobre las culturas indígenas. Para celebrar el Día de los Pueblos Originarios, algunas personas eligen leer libros o escuchar historias contadas por indígenas norteamericanos.

DATOS SOBRE EL DÍA DE LOS PUEBLOS ORIGINARIOS

Estas páginas ofrecen información detallada sobre los interesantes datos de este libro. Están dirigidas a los adultos, como soporte, para que ayuden a los jóvenes lectores a redondear sus conocimientos sobre cada festividad presentada en la serie *Las grandes fechas patrias estadounidenses*.

Páginas 4–5

El Día de los Pueblos Originarios es una festividad en honor a los indígenas norteamericanos. Se celebra el segundo lunes de octubre de cada año. Esta festividad ha sido adoptada en varios estados, ciudades e instituciones en reemplazo o además de la celebración del Día de la Raza.

Páginas 6–7

El Día de los Pueblos Originarios reconce que los indígenas norteamericanos fueron las primeras personas que vivieron en los Estados Unidos. Es un día en el que también se invita a los estadounidenses a pensar en el significado más oscuro del Día de la Raza, que marcó el comienzo de la toma colonial y la violenta explotación de los pueblos originarios.

Páginas 8–9

La primera vez que se pensó en celebrar el Día de los Pueblos Originarios fue en 1977. La idea de celebrar el Día de los Pueblos originarios comenzó en 1977, durante una conferencia de las Naciones Unidas. En 1989, Dakota del Sur cambió el Día de la Raza por otra festividad llamada el Día del Indígena Norteamericano y su primera celebración se realizó al año siguiente. En 1992, Berkeley, California, declaró que celebraría el Día de los Pueblos Originarios en lugar del Día de la Raza. Luego, la siguieron otras ciudades y, con el tiempo, se fueron uniendo otros estados.

Páginas 10–11

Hoy, el Día de los Pueblos Originarios se celebra en muchos lugares de los Estados Unidos. Para el año 2020, ya había más de una decena de estados que celebraban el Día del Indígena Norteamericano o de los Pueblos Originarios. Esta festividad también se celebra en el Distrito de Columbia. En California y Tennessee se celebra el Día del Indígena Norteamericano a fines de septiembre.

Páginas 12–13

El Día de los Pueblos Originarios es importante para los indígenas norteamericanos. Todos los estadounidenses están invitados a celebrar esta festividad escuchando las voces y perspectivas de los pueblos indígenas y homenajeando sus logros y sus contribuciones.

Páginas 14–15

Hay muchas formas de celebrar el Día de los Pueblos Originarios. Al ser una festividad relativamente nueva, todavía se están estableciendo las costumbres y tradiciones específicas. En algunas ciudades, se festeja con bailes, canciones y comidas típicas de los grupos indígenas norteamericanos, mientras que en otros lugares se realizan reconocimientos de tierras o festivales de cine.

Páginas 16–17

Algunas personas celebran el Día de los Pueblos Originarios con desfiles. En algunos lugares, esta festividad se celebra con desfiles. En algunas ciudades, se organizan marchas en favor del Día de los Pueblos Originarios o en contra de la celebración del Día de la Raza.

Páginas 18–19

Para muchos, el Día de los Pueblos Originarios es un momento para aprender sobre la cultura de los indígenas norteamericanos. Especialmente para los estadounidenses no indígenas, este día es una oportunidad para aprender sobre la historia, la cultura y las perspectivas de los indígenas. En muchos museos, se organizan eventos educativos en apoyo al Día de los Pueblos Originarios y se incentiva, tanto a los niños en la escuela como a los adultos, a que aprendan sobre los aportes históricos y contemporáneos realizados por los indígenas.

Páginas 20–21

A través de las historias, se puede aprender mucho sobre las culturas indígenas. Leer libros de autores indígenas es una forma de escuchar y honrar las voces de los pueblos originarios. Muchas bibliotecas tienen listas de libros recomendados para el Día de los Pueblos Originarios. Muchas veces, en los festejos de este día, participan oradores. El traspaso de la historia y la cultura a través de la palabra narrada es muy importante para los grupos indígenas.

Published by Lightbox Learning Inc.
276 5th Avenue, Suite 704 #917
New York, NY 10001
Website: www.openlightbox.com

Copyright ©2025 Lightbox Learning Inc.
All rights reserved. No part of this publication may be reproduced, stored in a retrieval system, or transmitted in any form or by any means, electronic, mechanical, photocopying, recording, or otherwise, without the prior written permission of the publisher.

Library of Congress Control Number: 2024933002

ISBN 978-1-5105-8624-6 (hardcover)
ISBN 978-1-5105-8625-3 (static multi-user eBook)
ISBN 978-1-5105-8627-7 (interactive multi-user eBook)

072024
112023

Printed in Guangzhou, China
1 2 3 4 5 6 7 8 9 0 28 27 26 25 24

Art Director: Terry Paulhus
Layout: Ana María Vidal
English/Spanish Translation: Translation Services USA

Every reasonable effort has been made to trace ownership and to obtain permission to reprint copyright material. The publisher would be pleased to have any errors or omissions brought to its attention so that they may be corrected in subsequent printings.

The publisher acknowledges Getty Images, Alamy, and Wikimedia as its primary image suppliers for this title.